JN440174

매우 단순한 저녁

신선 시집

시인동네 시인선 115

신선 시집

매우 단순한 저녁

시인동네

시인의 말

거친 길을 걸어왔다.

시는 다가갈수록 내게서 멀어진다.

시의 행간을 더듬는 저녁

드넓은 벌판이 문을 연다.

신발 끈을 단단히 조여 맨다.

2019년 늦가을

해운대 우거에서 신선

차례

시인의 말

제1부

제2부

제3부

제4부

제1부

좌측통행

숲을 가로지르는 길이 허리를 편다
나무들의 헝클어진 머리칼 사이로 모래톱이 반짝이고
우측으로 휘어진 곡선이 통로를 검색한다
주유를 끝낸 자동차 내장이 부풀어 오르면
철책 너머 손 내미는 장미가 우주를 끌고 간다
와이퍼에 걸린 사차선이 골목을 빠져나가자
메모리 속 매립지가 블랙박스 무릎에 앉는다
신열에 겨운 배터리가 한나절을 비껴가고
입 다문 경적이 허공을 헐어낸다
햇빛이 쏘아대는 화살이 도로의 속살을 파고든다
장미 넝쿨이 휘감는 담장,
바람이 불어오는 방향으로 차창이 젖어든다
직선으로 도열한 집들이 무더기로 피어나고
창백한 아스팔트는 백미러를 도시 밖으로 털어낸다
거리마다 검색되지 않은 꽃들이 다투어 피어나고
견고한 속력을 견인하는 표지판,
출구를 잃어버린 헤드라이트를 받으며
나는 왼편으로 핸들을 꺾는다

꽃의 전환 1

채널을 돌리면
아프리카의 뮤직 더 사바나가 쏟아진다
범람한 물결을 탄 은빛 기류는
때 지은 도마뱀들을 흘려보내고
출렁이는 난류를 휘돌아 나간다

유리 창문으로 찢어진 풍경이 이마를 들이댄다
관광공사 빌딩이 세찬 물살에 휩싸여 떠돌고
선글라스를 장착한 블라인드가 팔을 걷어 올리면
판도라 상자에서 투명한 기표가 튀어 나온다

위험수위를 넘어서는 도시,
이차선 도로에 도열한 플래카드가 펄럭이고
공유할 수 없는 사랑이 낮달을 어루만진다
풍만한 가슴을 드러낸 여자들이
팬터마임을 벌이는 동안
철 지난 이상기온이 냉기류를 들이민다

저녁 9시가 휘발된 뉴스를 차디찬 밤거리로 내던지고
기상청 스피커에 매달린 불빛이 목쉰 비명을 지른다
화면에서 검은 물보라가 피어오르는 사이
필하모닉 오케스트라가 전원 교향곡을 울리고
까맣게 탄 스크린이 뒷골목을 닦아낸다

꽃의 전환 2

세상의 뒷덜미에서 둥근 사막이 쏟아진다
태양의 발바닥 사이로 티눈이 자라고
오아시스 브라운관이 해안을 토해낸다
잿빛 안테나는 지구 밖으로 숲을 펴 나르고
모니터를 비집고 나오는 불빛이 전단지를 뿌린다

구름 속에서 푸른 산이 터져 나오고
팔뚝 굵은 뉴스가 아일랜드를 건져 올린다
급류에 떠밀리는 낯선 바다가 지상을 적시고
눈부신 알파벳들이 얼굴을 붉힌다

대서양을 건넌 햇살이 당도하자
유랑하는 강물이 돛폭을 걷어 올리고
망토를 벗어던진 마네킹은 시선을 끌어당긴다
풍경이 바뀔 때마다 화면이 기침을 하고
태엽에 감겨드는 시간이 몸을 구겨 넣는다
우수에 빠진 바다가 다시 일어서면
선착장은 몸을 흔들며 꿈을 전송한다

꿈속의 터널

스크린이 내려가고
닥터 체어가 온기를 게워낸다
모빌 자막이 적막을 말아 올리는 동안
산맥이 어깨를 출렁이고
나신의 여자가 화면 밖으로 사라진다
마성의 나방이 가로등을 뒤흔드는 길목
만삭인 자정이 지하도를 빠져나간다
선탠을 한 표지판이 도시 밖으로 잠적하자
베일에 가려진 거리가 블라인드를 내린다
찻잔 틈새를 헤집고
안개가 검은 음계를 오르내린다
눈감으면 떠오르는 광활한 지평
아득한 허공은 경계를 허물고 달린다
사라지는 것들이 기억을 쏟아내면
어둠은 그림자를 잠식한다
횡단보도가 보폭을 재는 사이
환상에 매달린 허기가 눈시울을 지우고
깊은 잠이 속눈썹을 털어낸다

시클롭스키의 저녁

레이저를 쏘아올린 달빛이 활강한다
낙하하는 허공에서 유성이 쏟아지고
우주는 초속 35킬로미터 밖으로
궤도를 이탈한다

위험수위에 빠진 들판이 버튼을 누르면
금빛 성운들이 회색 실루엣을 밀고 나온다
휘발된 활자들은 플래카드를 펴 나르고
출구를 벗어난 미로가 아자창을 뛰어내린다

외곽순환도로가 백미러의 혓바닥을 뱉어내자
무한도전을 질주한 고압선이 전신주를 구겨 넣는다
목덜미 하얀 꿈을 인화하는 글라디올러스
오르가즘에 감염된 햇살을 투척하고
초고층 빌딩이 질긴 기억을 불태운다

가로수 잎들이 고해성사를 하는 지방도시,
매운 연기가 프로펠러를 연주하는 동안

오후 일곱 시가 저녁을 구워낸다
노릇하게 익은 산맥의 등성이가 세 갈래로 치솟고
협곡이 롤러스케이트를 굴린다

인문학개론 1

단아한 포인세티아 블라인드를 당긴다
황소바람은 앙상한 가지를 깨우고
빗살무늬 사이로 햇살이 꿈을 잉태한다

흐린 횡격막이 허공을 검색하자
어둠의 터널을 뚫은 복수초
대장간 뜨락에서 피리를 분다
살점을 달군 시간이
태양의 귓불을 어루만지는 사이
세상의 그늘은 온통 버짐으로 피어난다

적막은 강물에 누워 모차르트를 감상하고
이어폰을 꽂은 물결은 우수에 젖어 있다
그대 내 안에 배어드는 동안
아카펠라는 비상구를 빠져나간다
엘피판은 안단테 피아노시모로 출렁거리고
고즈넉한 풍경 하나 데칼코마니 한 소절 굽는다
쓰러진 오후가 물구나무선 저녁 무렵

미루나무 키 큰 울음이 달아오른다

돌아오지 못하는 인간들이 강둑에서 서성인다

인문학개론 2

먼 길들이 신발을 끌고 간다

이차선 도로에 매달린 발목은 바퀴를 굴려대고

머리가 희끗한 산들이 구름을 투망한다

실눈 뜬 바람은 황사 이틀을 실어 날라

가슴 부푼 도시를 휘젓고 있다

봄 한철 나풀대는 신작로

축산조합 빌딩의 어깨를 짓누르고

횡단보도의 가슴팍에 오선지를 그린다

꽃이 진 자리에 구제역 바이러스가 창궐하면

앙상한 아다지오가 높은음자리표를 갈아 끼운다

한낮이 흘린 졸음은 개여울을 게워내고

상사화 치마폭에 감기는 멜로디 한 자락 리듬을 탄다

무릎 상한 보도블록에서 장수풍뎅이가 기어 나오고

낯을 붉힌 개망초 여린 가지를 흔든다

인문학개론 3

태양은 아치형으로 치솟아 향나무 가지 사이로 점프를 한다 나는 해저에서 꼬리 치던 망둥어 지느러미를 털어내며 플랑크톤을 퍼뜨리는 비릿한 해초의 궁전을 휘감는다 해체된 붉은 불가사리들이 웃자라고 끝없는 해류가 엔젤피시를 실어 나른다 오갈피나무 가지에 걸린 꿈들이 눈시울을 붉히면 운하고 잔등을 뛰어넘는 서녘 하늘,

나는 설익은 말미잘 한 자락 잘라
그라폴리오 파일 속에 끼워 넣는다

환하게 트인 동굴 속에서 사슴벌레들이 술렁이고 허물을 벗은 배추흰나비가 이마를 들이댄다 거대한 숲이 오버랩 되자 물결 속의 아르페지오를 퍼 나르는 따개비, 비는 내려서 온종일 수산과학관 지붕을 두드리고 꽃잎을 적시는 즉흥환상곡이 풀밭 위로 굴러떨어진다

달빛 수사학

귀가 가려운 벚나무 그늘 밑
꽃들의 함성이 퍼져 나가고
구개음의 성대들이 결절된다
봄날이 우윳빛 미각을 흘리는 뜨락
잣나무들은 초록 우산을 펼쳐댄다
오선지에 걸터앉은 비비새가
하이네의 시구를 읊는 동안
가면을 벗겨낸 미루나무가 어깨를 흔든다
나는 멜로디 한 자락을 잘라
눈먼 달빛의 허벅지에 뿌린다
여름 햇살이 강물을 퍼 올릴 때마다
흘러나오는 자몽의 향기,
살점 뽀얀 물결을 피워 올리며
자정은 오월 한밤을 실어 나른다
그늘진 길은 마을로 접어들고
우수에 젖은 가문비나무 잎 하나
눈부신 그림자 털어낸다

랩소디 풍으로 1

나는 교체한 시간을 허공에 갈아 끼운다
바람이 몰락한 비닐하우스를 들락거리며
하얗게 질식한 노을을 잠재운다
황무지를 개간하는 불개미의 반란이
지친 뜨락의 불안을 피워 올리고
일천의 어둠이 적막을 몰고 오는 동안
등 굽은 길들이 뒤엉켜 휘청거린다
이제 문장의 말초신경이 잘려지고
목이 곧은 음절들이 쏟아져 나오는 골목
매캐한 추억이 기침을 하면
물줄기의 등골에서 산맥이 쏟아진다
점차 카시오페이아 입술에서 샛별이 태어나고
붉은 장미의 불꽃이 번져가는 하늘
반쯤 찢어진 계곡에서
젖은 에게해의 모서리가 펄럭인다
끝없이 슬픈 인연을 밀어 올리는
요염한 치맛자락의 한가운데서
태양은 시나브로 갈멜산을 기어오른다

모델하우스 하나를 손에 들고
이차선 도로를 돌아 나오는
어린 여자의 깊은 우물 속에서
달항아리 시퍼런 오로라를 내뿜는다

랩소디 풍으로 2

도시 밖으로 붉은 세르비아 행렬이 질주한다
거리의 중심에 와서
눈부신 원이 그려지고
분꽃 지느러미 같은 강물 넘실댄다
하염없이 분수대에서
낡은 기억을 퍼 올리는 사람들
둥근 나이테로 우주를 회전하고 있다
명멸하는 시가지의 변두리로
빈 들판을 쏘아 올리는 폭죽놀이
근육질의 길 하나가 넘어지고
구원 받지 못하는 오솔길이
가까스로 상체를 일으키며 걸어 나온다
밑줄 그은 생의 서툰 보폭이 찍히고
흔들리는 가로수는 화창한 봄날을 내려선다
활화산의 레이저를 명중한
나는 허공을 베어 목에 건다
푸른 하늘에서 운행하는 행성들이
넝쿨째로 욕망의 벽에 감긴다

알몸의 그림자가 뒤척이는 가슴에
잠식하는 신기루가 눈부신 바다를 펼친다

네트워크 1

떠나는 길이 말을 걸어온다 잡목 사이로 빠져나간 미루나무의 꿈, 나풀대는 하늘이 포물선을 그리며 번져나간다 타임머신을 타고 오는 늙은 발자국이 어린 시간을 건져 올리고 언제나 벌판은 박쥐 코트를 걸친 채 다가선다 피곤한 오후가 잰걸음을 멈춘다 당도한 기억이 주유를 하고 이차선 도로에 걸린 유토피아는 오로라를 꿈꾼다 나는 벽 사이에 담장을 허물고 오염되지 않은 풍경을 허공에 길어 올린다 가로등이 플래카드를 내걸자 혓바닥에서 떨어지는 감미로운 꿈이 거리를 뛰어다닌다 가난한 사람들은 야윈 등불을 치켜들고 희망 하나씩 꺼내든다 나는 헤라클레스 장수풍뎅이를 땅에 묻으며 신선한 채널을 자동차 바퀴에 갈아 끼운다 지워진 아스팔트가 탱크로리를 덩그렇게 몰고 가며 공룡이 달아나는 세상을 쏘아 올린다 첨탑에서 뛰어내린 평원이 늪을 닦는다

나는 새로 산 신발을 총총히 조여 맨다

네트워크 2

검색창을 클릭하면 잿빛 모니터가 입을 연다 나는 미로를 접속하고 먼 바다를 내려다본다 갯내음 피어오르는 아득한 바다, 세찬 물결이 소용돌이치며 보디 해킹을 한다 마을을 품은 노을은 아이폰으로 꿈을 되새긴다 서늘한 불빛이 낯선 골목을 기웃거리고 더운 햇살의 눈알이 와르르 쏟아진다 푸른 강물은 정오를 건져 올려 졸고 있는 시간을 조율한다 바람의 주파수가 목 안 가득 차오르고 복수초는 날마다 자라난다 뒤엉킨 거품을 게워내는 유튜브, 나는 가우리섬에 걸린 유창한 내장을 끄집어낸다 거친 풍랑이 비상벨을 울리자 사랑이 앱의 물결에 휘말린다 허공이 밀어내는 에스컬레이터가 구겨진 언덕을 펼치고 에게해는 손을 씻고 다시 일어선다 수다스런 왼쪽 사이트를 빠져나오면 과즙 쏟아지는 애플농장. 삼십 킬로그램씩 젖은 입술들이 쏟아진다

네트워크 3

오전 9시가 휘발되고 와이파이에 매달린 바오바브나무가 팔을 흔든다 잡풀을 뽑으면 콘센트는 두 귀를 닫고 심호흡을 한다 뉴스속보를 퍼뜨린 바이러스가 눈먼 세상을 광장으로 퍼 나른다 결핍된 화면이 핼쑥해지자 목조계단에 걸터앉은 정오가 하얀 그림자를 잘라낸다 엘피판 속의 뭉게구름이 잊힌 추억 한 자락 피어 올리면 성난 바다 곁에서 어린 망둥어가 지느러미를 흔든다 유리성에 갇힌 핑크빛 붕장어, 물살을 뒤집어 호수를 깨운다 썰물 지나자 느릅나무는 여름의 치장을 벗기고 개비름은 일어서서 야윈 가지의 넓은 잎들을 매단다 목덜미 휘어진 까마귀 한 마리, 서편 하늘에서 편서풍에 젖은 필름을 인화한다

네트워크 4

불꽃 하나가 타임머신을 타고 계단을 오른다 선글라스를 낀 사내가 유리창에 대롱거리고 야윈 어깨가 술렁인다 엘리베이터를 타고 오르면 전동 눈알이 창가에서 번뜩이고 어지러운 비밀문서들이 허공에서 쏟아진다 팔을 걷어 부친 지상의 인파, 구름 몇 점 끌고 가고 걸음이 빠진 발목은 보도블록을 헤집고 길을 연다 나는 허공에 널브러진 사막을 걷어 올리고 흐느적거리는 신기루를 갈피마다 접는다 태양이 빨대로 들이대는 사이 건조대에서는 젖은 옷들이 펄럭인다 광장을 지나가는 바람이 할로겐 불빛에서 페달을 밟는 동안 새로운 세상이 눈을 뜬다 복면을 쓴 하루가 잠적하면 분꽃잎 하나씩 먼 하늘을 말아올린다

네트워크 5

마가목 탁자 위에서 노트북이 버튼을 누른다 전원 교향곡이 울려 퍼지는 거실, 한랭전선이 활자들을 몰아온다 짙은 그늘이 양탄자 위를 구르고 톱니바퀴를 머금은 그림자가 뜨락으로 굴러떨어진다 저기압에 동반된 피에로가 마을을 빠져나가고 횡격막을 파고드는 앞가슴이 파도가 되어 출렁인다 옥탑방 계단을 순회한 여자가 졸음을 흘리는 오후, 서북풍은 창문에 걸터앉아 하프를 켠다 나는 찻잔 속의 낮달을 건져 올려 젖은 생각을 말린다 아왜나무가 옷을 벗는 마을 어귀, 노을의 입가에는 붉은 바이러스가 감염되고 전신주 귓불에 매달린 집들이 어깨를 낮춘다 한파가 누르는 사람들의 목덜미, 서녘 하늘이 돌아누우면 나는 메뉴판을 들고 허기를 달랜다

제2부

비상증후군

꽃잎은 저마다 날개를 저으며 떨어진다
보랏빛 손가락으로 포물선을 그리고
공중점프를 하는 그윽한 몸짓,
무수한 탑들을 쌓아 올리며
푸른 가슴을 불태운다
꽃들은 허공에 벨을 누르고 스며든다
어둠의 그늘을 걷어내고
하늘 가득 환한 빛을 흩뿌린다
장엄한 생애를 전송하는 동안
협주곡을 짜면서 적막한 정오를 휘젓는다
리모델링한 빌딩은 하염없이 치솟아 오르고
치맛자락을 날리는 행글라이더가
낮달을 실어 나른다
담벼락 돌아나간 길목에서 새떼들은
산발한 구름을 불러 모은다
흐릿한 사월 하늘이 서녘으로 기울어지면
꽃잎들은 날개를 접고
제 영혼의 눈빛을 밝힌다

광장에서

보도블록이 정오의 햇살을 흡입한다
젖은 분수대가 환하게 트여오고
물의 입자들이 서로를 밀어내며 하강한다

웅크린 잡초가 팔을 뻗은 자리,
잿빛 빌딩이 콜라보를 펼치고
흰 삽살개 발목을 적시며
쏟아지는 물줄기를 향해 짖어댄다

목책을 둘러서는 붉은 샐비어
카레이스 바퀴가 길을 몰고 간다
80데시벨의 음속이 분수에 잠기고
왕벚나무 가지마다 분홍빛 구름이 하늘거린다
금속성에 지친 도시가 흐느적거리면
아스팔트는 또 다른 길의 뒷덜미를 추적한다

잠적한 경고판이 옐로카드를 내밀자
잿빛 신호등이 제어하는 공간에서

요동치는 환영이 긴 여운을 끌고 간다
햇무리 피어나는 팔차선 도로
꽃잎을 깨우는 새들이 슬픈 적막 흩트리며
돌아오지 않는 먼 꿈을 따라 원무를 춘다

검은 랩소디 1

벗은 나무들의 허리에서 샐비어 피어난다 어둠을 털고 나온 불빛이 골목을 빠져나가면 지상의 발등에서 게스트하우스가 솟아난다 그대는 언제나 뜬눈으로 지새고 닿을 수 없는 창은 쓸쓸하다 하현달 눈시울 속으로 강물이 젖는다 녹슨 관념의 더께를 털어낸 우주는 보랏빛으로 생을 장식하고 외눈박이 신호등이 뛰어내린다 궤도를 벗어나 빗장을 꺾자 낯선 라틴 음악이 흐르고 그대는 뜨락에서 허공을 올려다본다 햇살이 걸어 나간 지구의 틈새, 티티새는 허리 잘린 길을 펴 나른다 허물을 벗은 나목이 하늘 한 장 걸어 부끄러운 데를 가리고 숲에 걸린 정오를 한 겹씩 뜯어낸다 물푸레나무에서 구겨진 길이 쏟아진다 가시오피아 젖은 입술이 별판을 떠돌고 별무리 쌓인 수풀 사이로 그대는 추락한다

검은 랩소디 2

나는 노릇하게 발효된 아침을 건져 올린다 잘 익은 햇살이 어설픈 미각을 흔들어 깨우면 머리칼을 풀어헤친 마을이 각혈을 한다 통과의례를 마친 안개가 사라지자 세상은 화려한 들판을 끌고 간다 아카펠라에 몰입한 풍경 한 자락 뜨락에 올라선 둑길을 질러간다 싸리나무 숲 저편에서 낯선 그늘 한 점 떨어진다 CD판을 타고 미끄러지는 반도의 평원이 유튜브 틈새를 빠져나가자 한파에 떠밀린 샛바람이 옷깃을 세운다 눈먼 가로등의 시린 어깨는 적막을 머금은 채 밀봉된 정오를 싣어 나른다 길을 가둔 울타리가 종료 벨을 누르자 혓바닥에 피어난 애드벌룬이 공중비행을 한다 은닉된 그림자는 미로를 염탐하고 혹성에서 탈출한 작은 별 하나 섬을 토해낸다

검은 랩소디 3

태양이 유리창의 속살을 헹군다 횡격막이 벌겋게 달아오르면 실눈 뜬 아침이 허기를 데운다 파리제과점 진열대에서 바게트의 가슴이 부풀어 오르고 엘피판 틈새로 피어오르는 리듬, 검은 혓바닥이 거친 음계를 기어오른다

오전 여덟 시의 차림표가 목덜미를 내밀자 햇살에 감염된 식욕이 읽는다 떠밀리는 바람에 옷깃을 세우고 가로수들은 휘어진다 휘장 속에서 흑인 여자가 기침을 하자 포장된 비닐봉지가 적막을 털어낸다

활엽수들이 팔을 흔들면 통제할 수 없는 들판이 술렁이고 아득한 허공이 물구나무선다 불개미 떼 기어가는 고샅길, 흐린 강들이 혀를 날름거린다 경계를 허무는 통로가 지구 밖으로 기울어지면 구겨진 들풀들이 그리움을 펴 올린다

검은 랩소디 4

나는 고골리의 『외투』를 벗기고 우주 속에 갇힌 생각을 털어낸다 낡은 플란넬 각질이 떨어지는 옷자락, 베일 속의 비명들이 구겨진 어깨를 밀어낸다 켜켜이 쌓인 살갗이 산맥을 이루고 은폐된 데스마스크의 이마가 반짝인다 나는 지구에 매달린 혹성의 모서리를 돌아 어둠 깊숙이 파고드는 별들의 소리를 듣는다

저항할 수 없는 너의 생애가 파르르 떨고 외딴 골목이 짓눌린 그림자를 뱉아낸다 끝없는 길이 목마를 끌고 간다 어지러운 세상이 허공에 감기고 벽을 이탈한 지상이 경계를 긋는다 현란한 불빛은 일곱 촛대 사이로 빠져나가고 낮달 머금은 거리는 기억을 지운다 마지막 남은 사랑이 추억을 달래면 노을 물든 마을의 귓불이 부풀어 오른다 타다 만 적막이 능선을 기어오르자 애틋한 풍경은 시린 숲을 휘감는다

검은 랩소디 5

벗은 나무의 어깨에 높새바람이 매달려 있다 잿빛 눈망울이 팔을 흔들자 달빛 젖은 저어새가 종료 벨을 누른다 마른 풀잎이 술렁이는 골목, 그대 떠난 눈송이가 졸고 나는 푸른 봄을 꺼내어 목에 건다 해안선의 일천만 층계가 손짓하고 잠적한 선착장이 무릎을 세운다 출구에 매인 세인트 크라이스트호 싸늘한 갑판을 벗어던지는 동안 싸리구름이 줄무늬를 게워낸다

막다른 골목이 열다섯 번째 주점을 지나간다 일백오십 미터 불빛이 춤을 추고 허공에서 검은 새들의 날개가 떨어진다 나는 무정차 스포츠카의 속도를 갈아 끼운다 눈먼 아이들이 태어나고 길의 좌측 하수도가 창궐한다 점멸등은 시나브로 살아나다가 죽고 휘어진 거리가 몸을 포갠다 부화를 끝낸 기류가 팽배하는 사이 나는 또 다른 도시를 교체한다

검은 랩소디 6

빗장 지른 고샅길이 걸어온다 땅의 가슴이 부풀어 오르고 오랜 잠에서 깨어난 개망초 눈을 비빈다 거친 시간이 푸른 휘장을 말아 올리자 나는 어둠을 접고 허공을 걷어낸다

꼬리가 늘어날수록 쏟아지는 빗줄기의 비명, 습식의 걸음을 입력하자 무딘 길이 브레이크를 밟는다

끈질긴 회로는 혼성 유전자로 감겨들고 나는 설익은 욕망을 이식한다 함초롬한 와이파이가 버튼을 누르고 거부할 수 없는 질주는 무성한 불안 속으로 빠져든다

달아오른 도시가 발갛게 타오르고 이정표를 이탈한 회색 그림자 거침없는 첨탑이 무너져 내린다 거친 암호를 잘라내면 먼 산정의 능선으로 달이 진다

검은 랩소디 7

티브이 채널을 돌리면 비발디의 봄이 흘러내린다

경쾌한 리듬이 피켓을 흔들며 환호하고
선잠 깬 협주곡이 붉은 카펫을 펼쳐 든다

그대 내 안 깊은 심연에서 깨어나는 동안
이팝나무는 먼 추억을 날려 보낸다
오랜 발자국 소리 가녀린 나뭇가지의 팔을 흔들고
하늬바람이 숲을 몰고 온다

파도를 지휘하는 아르페지오 하얀 계단을 오르는 사이
귀볼 붉은 새떼들 갈맷빛 물결을 세차게 끌고 간다

사라졌다 내게로 다가오는 아스라한 풍경
꽃들은 저마다 여린 입술을 가슴에 꽂고
꿈속 저편 돌아선 눈보라를 몰아낸다

이글대는 눈빛마다 겹쳐지는 걸음 불타는 사막이 낯선 신

기루를 연출한다

빈 들판 가득 일어서는 프라하 화사한 3악장이 건반을 쏘다
닌다

출렁이는 강물이 오선지를 적시고

높은음자리가 쏘아 올리는 팔분음표가 허공으로 번진다

검은 랩소디 8

눈썹이 흐린 남자가 벽에 걸려 있다
왼손으로 세상을 밀어내며 비명을 지른다
액자 밖으로 빠져나오는 핏빛 몸짓,
늪에 빠진 물살이 검붉게 물들고
바람이 소용돌이를 휘모는 동안
붉은 머플러는 하늘의 귀를 덮는다
탁음이 틈새마다 파문을 일으키면
천의 목소리 길바닥에 쓰러진다
거리에는 글라디올러스의 입술이 어둠을 가두고
꼬리 자른 샛길이 허리를 비튼다
남자는 제 안에 열두 채 초가를 불태우고
부풀린 잿더미를 허공에 흩뿌린다
바다가 증발한 화염을 들어 올리자
꺾인 골목이 해안선을 헐어내고
뜨거운 풍경이 폐부 깊숙이 파고든다
질긴 시간이 낯선 생각을 포개고
그대 가까이 다가오는 오슬로 마을
기억 한 자락 꺼내어 내동댕이친다

검은 랩소디 9

스산한 풍경이 사라지고 스크린에 매달린 인파들이 떠밀려 간다 휘장을 내린 화폭이 신열을 게워내고 떠돌이들의 은밀한 생애가 남루를 털어낸다

부풀어 오르는 욕망의 틈새마다 처절한 표정들이 지워지고 사라지는 것들은 손을 씻는다

벼랑의 시간이 0시를 가리키면 얼룩진 유리창에 노을이 배어든다 언덕이 사라진 절정에 서자 지상은 온통 어둠에 지쳐 있고 온기가 파열된 눈알들이 굴러다닌다 하현달이 뜬 찻잔을 기울이면 길은 오버랩 되어 사라진다 가라앉은 사랑이 종결 모니터를 하고 기억을 저장한 안개 한 모금 하늘 모서리를 돌아눕는다

검은 랩소디 10

자동문이 열리고
승강장에 매달린 지문들이 살점을 드러낸다

수북이 쌓인 혈흔이 술렁이며 스탬프를 찍고 벽면의 여자들 웃음소리 낭자하다 환승역의 열한 시가 눈을 뜨자 거리를 횡단하는 바람은 에스컬레이트로 내려선다

막간을 걸러낸 불빛이 시장기를 불러내면 부산한 걸음들이 직선 방향을 끄집어낸다 굉음을 빠져나가는 시간들, 인파를 몰고 가는 레일 위에 보랏빛 꽃잎들이 떨어진다

허기진 출구를 내뱉고 편성한 객차들이 오한을 털어낸다 휘어진 커브길이 돌아서는 사이 전광판의 속보가 눈부신 풍경을 닫고 나온다

엘리베이터가 길을 실어 나르는 동안 충전한 교통카드는 개찰구를 밀어낸다

가슴이 포개진 로드는 사라지고
신발 끈이 늦은 저녁을 토해낸다

바흐의 칸타타

키 낮은 그림자 뒷덜미에서 햇살이 쏟아진다
우렁찬 합성이 사방으로 번지고
불타오르는 칸나의 가슴이 부푼다
오리엔트 레코드에는 모차르트 무반주 협주곡이 흘러내리
고
이어폰을 낀 플라타너스 귓가에 팔분음표가 대롱거린다
새들이 날아가는 창공에 무수한 머플러가 펄럭거리고
티눈 박인 비포장도로에는 여린 인동초 잎이 파고든다

성급한 더위가 가파른 여름을 오르내리고
철책 사이로 얼굴 내미는 파라칸사시
발화되지 못하는 손을 내민다
커피 하우스는 시린 안개를 뿜어내고
녹슨 창문이 서쪽으로 휘어진다
유리창 속을 가만히 들여다보면
벌판을 건너가는 발자국들이 지친다
낯익은 얼굴들이 백미러 안에서 긴 그림자를 드리우고
단절된 통로를 휘저으며

먼 강물이 말을 걸어온다
실내에서는 느린 음반이 혓바닥을 내밀고
자귀나무들 좁은 어깨를 흔들고 있다

후쿠오카의 눈 1

트렁크를 열자
늙은 시마바라성이 쏟아진다
발등에 떨어진 성각이 화염을 토해내고
시퍼런 이끼의 입술이 부어오른다
전망대에 매달리는 잿빛 풍경,
회벽의 오층 천수각이 침묵을 털어내면
망루를 에워싼 그늘이 부서진 기왓장을 건져 올린다
설익은 비파 향기 유적을 탐색하고
시린 강물의 눈시울이 반짝인다
휘어진 소나무 허리가 휘청거리는 동안
눈먼 여자들의 머리 위에서
메이지의 구름이 부풀어 오른다
핼쑥한 골목을 가로지르는 개여울
몸집 큰 성 밖으로 묵은 생각을 내뱉으면
통유리 속에 갇힌 오랜 옷자락이 너덜거린다
사무라이 무릎에 쌓인 유월의 눈보라
흐린 정오의 칼이 빛나고
키 작은 손들이 무사의 담장을 기어오른다

후쿠오카의 눈 2

무수히 낭비한 필름들이 어둠을 스캔하고
벽화의 유민들이 무너진 성들을 떠받친다
물살의 안개가 실루엣을 피워올리고
나가사키 우동 난바다가 화산을 게워낸다
원폭 돔이 바랜 게으른 시간들
돌아올 수 없는 하늘을 걸러내면
빗금 친 손등이 날아다닌다
뜨거운 십자 문양 목에 걸고
핼쑥한 낮달이 치맛자락을 걷어 올린다
허기를 쏟아내는 유후인 거리
커피 찻잔의 태양이 유유히 떠돌면
청둥오리가 긴린코 호수를 목에 건다
산타루치아를 불러오는 불빛들
가시 돋힌 밤을 펼치고
회전목마 등판에 네온사인이 감긴다
운전대에 기댄 길들이 건널목을 밀어내고
측량할 수 없는 기억이
검은 손을 털고 있다

건널목에서

굽 높은 별들의 이빨이 도로를 찍어낸다
온기 서린 교회 첨탑이 기울어지고
평화주유소 지나는 길목은
덤프트럭의 졸음이 쓰러져 있다
정오의 허리춤에서 팬지꽃이 자라고
햇살 어루만지는 돌계단에는 그늘이 저문다
아흔아홉 마리의 구름을 몰고 가는 양떼
그림자 속에서 풍경으로 쓰러진다
수풀 파고드는 일곱 손가락에 금이 가는 동안
그대 여린 주파수를 던지면
깃발 내린 무곡은 어깨 흔들며 휘어진다
향기로운 강물에 몸을 적시는 하늘
리듬은 일어섰다가 넘어진다
앙상한 가지 끝에서 견고한 시간을 깨우고
추운 여름 허무를 뚫고 지나간다
글라디올러스 춤추는 바다
수상한 전경이 저물고 있다

제3부

타워크레인 1

나의 길은 햇볕 사이로 뻗어 있다 귀에 송신기를 꽂은 채 나는 돌진하여 고압선에 걸린 낮달을 걷어낸다 절규하는 억센 로프 사이, 초고층 빌딩을 치솟아 오르며 나는 날마다 해체를 꿈꾼다 스스로 공중 분리되지 않는 슬픔, 첨탑은 안전지대의 가슴을 어루만진다 비상구의 목덜미가 달아오를 때 견고한 걸음으로 내딛는 하늘 한쪽이 비켜선다 출구는 항상 정적에 잠기고 거센 바람이 불어오면 나의 완강한 어깨는 흔들린다 삶과 죽음의 경계에서 내 욕망은 어둠을 걷어내고 세차게 날아오른다 녹슨 침묵이 농성을 잠재우고 나는 육중한 몸을 떠받치며 적막 한 줄 가슴에 새겨 넣는다

타워크레인 2

나는 매양 정오의 시간 속에서 잃어버린 그림자를 수색한다 견고한 몸집이 가슴을 포개고 노출된 시각지대는 레일을 갈아 끼운다 타워형에 걸린 하늘, 숙성된 구름이 부풀어 오르면 앙상한 허리는 비상벨을 누르고 꺾인 이정표를 말아 올린다 불꽃이 푸른 섬광을 발사하는 동안 되살아난 불씨가 태양의 망막을 이식한다 포클레인이 시퍼런 이빨을 세우면 철제 계단 사이로 바람이 술렁이고 핼쑥한 창공은 빈혈을 일으킨다 처진 눈시울을 걷어 올리는 블랙홀, 빌딩의 이중 창문은 풍경을 퍼 나른다 핏빛 울음을 경작한 노을이 서쪽으로 쓰러지면 나의 완강한 동체는 수직으로 기운다

소리치는 깃발

종내에는 뼈들만 남는다
한 생애를 버틴 마지막 그림자가
허울을 벗고 속살을 드러낸다
이슬에 젖는 먼지를 날려 보내고
길게 뻗은 어둠 속에 흐린 빛이 스멀거린다
지상에 남은 검은 허물들은
더 어두워지지 않는 변방을 바라보며
목청껏 서러운 향두가 한 가락 뽑어낸다
허공을 맴도는 호곡 소리
푸른 영혼은 더 창연한 음색으로 소리친다
육신은 흙에 묻히고
귀착되지 못하는 진리 하나를 흔들어댄다
때 묻은 시름 말끔히 지우고
떠나가는 발치에서
벼랑은 더욱 아스라한 높이로 솟구쳐 오른다
벌판 저편 쓸쓸히 서 있는 석상
지상의 어디에서 개망초 한 송이 넘어진다

외로운 귀

몽환의 바다에 섬 하나 누워 있다
거센 물살은 허공을 떠받치고
정오가 젖은 길을 말아 올린다
자줏빛 꿈이 자라는 카오스의 저편
무단 점유한 바람이 어둠을 털어낸다
따가운 햇살이 앙상한 골짜기를 염탐하면
막다른 그림자가 산등성이를 끌고 간다
휘청거리는 출렁다리 사이로
상현달이 떠오르고
은밀한 밤이 자정을 헐어낸다
호랑이발톱가시나무를 비집고 나온 풍경이
문 밖에서 스케치를 하면
푸른 벌판이 걸어나온다
지향할 수 없는 걸음은
석양을 토해내며 먼 산을 휘돌아가고
왼팔을 흔들며 능선을 기어오르는 오솔길
구겨진 고개를 넘어선다
어린 왕자의 별이 검은 커튼을 펄럭이며

쓸쓸한 별자리를 쏟아낸다
나는 우주 밖으로 갇힌 길을 펴 나른다

갈라파고스의 자유 1

식탁 위에서 바다 한 자락 피어오른다
경계를 벗어난 파도는 원시의 여운을 그리고
은빛 모서리에 걸린 해안선 한 접시를 들어 올린다
파이렉스 속에서 풀색 무늬들이 여백을 수놓는 동안
얼룩진 망둥어가 풍광을 부려놓는다
바지랑대 사이로 펄럭이는 아스파라가스의 푸른 이마들
긴 치맛자락을 접어 뜨락을 펼친다
출렁이는 담론을 검색하는 조간신문,
행간을 이탈한 활자들이 휘발된 입술을 쏟아낸다
눈부신 햇살이 볼륨을 높이는 창가에서
낯선 메뉴들은 어깨를 맞댄다
봉인되지 않는 아침이 페달을 밟고
어둠 속 그림자를 탐색한다
아메리카노 찻잔에서 무반주 멜로디가 흘러내리면
유튜브는 가슴 가득 차오르는 열기를
그늘 밖으로 밀어낸다
무한궤도를 꿈꾸는 헤드폰을 장착하자
그대 끝없는 해원을 내달린다

갈라파고스의 자유 2

창을 열면 푸른 하늘이 내려앉는다
창틀에 걸린 옷자락이 펄럭이고
코발트빛 입술이 방 안을 터치한다
행방을 알 수 없는 붉은 구름은 폭죽을 터뜨리고
빈 의자 아래 하얀 그림자가 자란다
걸음을 멈춘 행성들이 숨을 몰아쉬는 동안
플래시를 터뜨리는 우주는 인공위성과 접선을 한다
검색창이 무단횡단을 한다
전송된 은행잎이 대지를 떠받치는 마을에서
수소문이 불협화음을 내며 떠다니고
감당하지 못하는 중력으로 매달려 있다

가벼운 것들이 치솟아 오르는 허공 통로를 이탈한 시간이 이정표를 토해낸다 빗금 친 오선지를 캡처하는 팔분쉼표는 하염없이 쏟아지는 빛을 꿰뚫고 푸른발부비새는 어두운 지상으로 내달린다 뇌성벽력을 토하며 휘몰아치는 바다, 세차게 끌어내는 심장이 짙푸른 거품을 뿌린다 불타는 열아홉 개의 섬이 심연으로 스며든다

관념론 1

애드벌룬이 춤을 추는 허공,
어린 여자가 모델하우스의 손바닥에서 펄럭인다
샛바람이 사라지는 숲 사이로
떡갈나무가 떤다
눈먼 안개가 구름 한 자락 바다에 실어 나르고
달을 품은 여자의 치맛자락에서 그윽한 빛이 탄생된다
태양이 아득한 길을 펴 올리는 동안
저무는 그늘이 시나브로 젖어든다
산허리가 발돋움하는 등성이
해발 이천 미터의 풍차를 돌리고 있다
어둠 저편에서 불빛이 새어 나오고
나는 하얀 이빨 드러낸 운무를
야윈 무릎 위에 올려놓는다
마른 모발을 걷어 올리는 파도,
부끄러운 노을 한 자락을 서산머리에 걸어둔다
햇살 요염한 대낮,
마지막 남은 입간판이 출구에서 졸고 있다
앙상한 나목 쓰러지는 철책 사이

비무장지대의 키 낮은 풀들이 일어선다
빛바랜 철거지역은 지금 휴업중이다

관념론 2

서툰 걸음 한 발짝 뗄 때마다
홍매화 피는 언덕이 무너진다
등 굽은 행간이 뜨락을 잘라내자
어눌한 잎들이 우수수 피어난다
어둠 촘촘히 박힌 시간은
기억에 길든 옷자락을 벗어던진다
한적한 풍경이 머뭇거리다 사라지는 우듬지,
헐벗은 숲들이 서성거린다
횡단보도에 걸리는 가로수 대열이 손짓하고
나는 가슴에 매단 빙벽을 헐어낸다
둥근 세상이 굴러가는 방파제 왼편에서
잊힌 추억이 깃발로 너울거린다
내 안의 상처를 들여다보는 별 하나
도시를 경계 밖으로 밀어낸다
정체불명의 스팸 메일이 뒤뚱거리는 오후,
풀죽은 소문들이
지하철역 개찰구로 빠져나간다

손톱

광활한 풍경이 펼쳐지자 눈먼 바다 한 자락 쏟아진다 카시오페이아 별자리가 생성을 꿈꾸는 한나절, 회화나무 비릿한 각질이 뚝뚝 떨어진다

적막 세 소절 피어나는 저문 강은 엘피판을 돌리고 있다

헝클어진 금빛 모발을 걷어 올리면 하현달을 품은 옷자락이 펄럭인다 궤도를 이탈한 그림자가 신발 끈을 끌고 떠나자 어둠을 삼킨 행성은 날마다 새로운 태양을 뱉아낸다

영아의 울음소리 지상을 뒤흔들고 헐벗은 빗줄기가 훌라춤을 춘다 나는 모니터를 켜고 마른 우물을 퍼 올린다 새까만 얼굴들이 홍조를 띠는 화면, 성장이 멈춘 와이파이는 잡히지 않는다

커서의 어깨에 천 개의 눈이 매달리고 그늘 속에서 상현달이 자란다 침통한 버튼이 내미는 손톱, 긴 돛대로 세상을 휘젓고 있다

칸쿤에 가서

나는 별들의 맨홀을 떼다 목에 건다
어둠이 곳곳에 삐라를 뿌리고
웅크린 계단이 그리움처럼 쌓인다
차가운 습기가 떠난 자리,
돌이끼가 아이라인을 그려 넣는다
나는 텅 빈 거리의 탕아가 되어
플래카드를 흔들며 횡단보도를 건너간다
침묵이 엎드린 이차선 도로,
국기 게양대가 깃발을 들어 올린다
우윳빛 얼굴들이 지고
말을 잃은 인간들이 돌아온다
눈먼 생선이 파닥거리는 해안,
파도가 뒤따라 뛰쳐나온다
거품을 토해내는 방파제가 넘어지고
잔혹한 불빛이 도시를 질주한다
고골리의 외투를 뒤집어쓴 그대,
흰 눈빛이 포말에 들썩인다
일천의 닻을 올려

바다를 건져내는 갈매기 울음,
검은 날개를 뒤척이며 허공에 잠긴다

추억의 영역 1

도시가 승합차를 몰고 간다 탑승한 승객들이 건널목을 끌어 오고 잠적한 속도는 너스레를 떤다 삭은 길을 뱉어내며 꺾이는 도로, 도로의 갓길이 몸부림칠 즈음 하늘 한쪽에서 붉은 포성이 너울진다 나는 신명나게 달리며 젖은 기억들을 지운다 불현듯 별이 떨어지고 햇살이 아스팔트 바닥에 눕는다

내가 미세먼지를 털어내면 내 안의 파도가 용솟음친다

검색창을 닫자 끝없는 길이 팔차선을 넘는다 사방에서 소란스런 안개가 일어서고 좌측으로 뻗어난 산의 허리가 휘어진다 잘라낼수록 뻗어나는 골목길, 서로 충돌하는 소나기가 쏟아지는 사거리에서 피멍 든 팔뚝 하나가 멈춰선다 저녁이 지퍼를 여닫을 동안 어둠에 잠긴 터널이 긴 꼬리를 빠져나온다

추억의 영역 2

나의 시선은 직선으로 뻗어 있다 언덕이 치맛자락을 펼치자 내 겨드랑이에서 담쟁이덩굴이 새순을 키운다 들판이 손짓을 하면 나는 미니포켓 속 그림자를 털어낸다 바람이 불 때마다 나의 허리를 떠받치는 우주의 손바닥, 나는 허공에다 점멸등을 배열한다 태양이 무릎을 풀어놓는 사막, 나는 호흡 반쯤을 흩뿌린다 언제나 시간의 옐로카드는 유보되고 무릎의 아린 욕망이 눈을 뜬다 세상의 팔분쉼표가 돌아서는 한나절, 담장을 감도는 잿빛 연기가 적막의 어깨를 쓸어낸다 고샅길 빠져나온 인간들이 머뭇거리고 어둠이 사십 도의 경사로 기울어지면 구토를 제어하는 벽이 펄럭인다

추억의 영역 3

너의 정적을 한 겹씩 벗겨내면
너는 해독할 수 없는 절규가 된다
벗길수록 드러나는 너의 미로는
백야의 하현달로 떠오른다
네가 적막을 털고 일어서는 자리,
감긴 태엽은 지워진다
허탈한 그늘 속에 온갖 비명들이 갇히고
궤도를 벗어난 생이 눈을 감는다
때로 너의 질긴 아집이 깊은 블랙홀로 술렁이고
묵은 생애가 지표를 달군다
축척된 사랑이 지평을 이루면
푸른 그리움이 출렁이는 언덕,
햇살이 눈부시게 숨겨진 프리즘을 풀어낸다
나는 우아한 층계 몇 가닥 잘라내어
내 무상한 회로의 허리를 휘감는다
너의 살갗 눈부시게 탈속된 윤기의 틈새에서
적요한 세상으로 태어난다

추억의 영역 4

베링해협을 지나온 해빙선이 새벽을 연다
뉴스에서 빠져나온 무역전쟁 바코드의 발목이 잘리고
갈등에 시달린 회화나무가 그림자를 타고 내려온다
가문 날의 정오가 부풀어 오르자
검은 새떼들이 허공으로 내달린다
젖은 것들은 젖은 것들대로
물살 시린 바다 쪽으로 기울고
티브이에서 송출된 영상이 치솟아 오른다
라이사 고르바초프는 아직도 영면하고
블라디미르 레닌은 이미 궐석 중이다
팽창하는 해안선이 막힌 연안을 뚫고 달릴 즈음
차디찬 물너울에 잠긴 북극 항로가
쏟아져 내리는 편서풍을 밀어낸다
수소문하는 괭이갈매기
툰드라의 귀가 잘려 나간다
난기류에 수배된 나는
깊은 해무 속으로 은신한다

추억의 영역 5

포인세티아 요염한 발걸음이 점점 멀어지고 방파제는 아직도 목청을 드높인다 물보라가 영상을 부려놓으면 적막한 층계를 몰아오는 파도 위에서 애틋한 얼굴 하나 건져 올린다 해안선 귓바퀴에 늘어선 포세이돈 검은 입, 손을 씻고 떠나간 것들은 떠나간 것들대로 설익은 기억들을 되뇐다 말미잘이 드레스를 펄럭이는 동안 물살은 수면 위에서 쓰린 절규를 띄우고 표류하지 못하는 망둥어 지느러미를 흔든다 종일 칭얼대는 해풍 사이로 연보랏빛을 흩뿌리는 햇살, 선착장이 정박한 채 파도를 밀어내고 모래사장은 빈혈을 앓고 있다 휘청거리는 섬의 옆구리, 길 하나가 무심히 떨어져 내리면 허리케인은 세찬 주먹을 연신 몰아친다 오랜 그리움처럼 번져오는 노을의 생애, 지평선은 시린 가슴을 털어내고 있다

제4부

가문비나무의 젖은 손

나는 더 깊은 지층으로 추락한다
살아남는다는 것은 세상을 비트는 일이다
은밀한 곳에서 마지막 호흡을 고르고
우주 밖으로 내닫는 욕망은
다만 격렬하게 스러진다
허물어지는 한 줄기 절망이 적막 속에 묻히면
어둠은 깊을수록 빛난다
허물을 벗겨낸 영혼의 덫은
화사하게 불을 지핀다
피어오를 곳 없는 허공을 향해
나는 한 번 더 절망한다
먼 곳에서 물든 잎들이 자라고
낡은 이야기들은 일어선다
한 걸음에 달려와 파고드는 시간들
야윈 어깨가 쌓인다
때 묻은 잎새들 허망하게 뒹굴고
젖은 뼈들이 쓸쓸히 흩어진다

한계상황 1

후박나무 저무는 가지에서 후투티가 젖은 날개를 턴다
더위에 지친 그늘이 잘려 나가고 늦은 오후가 삭은 햇살을 게워낸다

통과의례를 거친 입추가 다가서면 산허리는 잿빛 살점을 흩뿌린다
수상한 그림자들이 출구를 빠져나가고 유칼립투스는 그늘을 조율한다

들판이 마른기침을 하는 동안
저녁 해거름이 하프를 연주한다

아르페지오에 젖은 노을은 눈시울을 붉히고
멜로디에 감염된 마을의 불빛이 열병을 앓는다
골목마다 어긋난 그대 화음이 새어 나오고 웅크린 개울물이 달려간다

드디어 서쪽 하늘이 돌아앉고 어둠을 펌프질하는 석양,

아득한 산맥을 딛고 일어서는 고샅길이 적막의 신발을 끌고 간다

나는 욕망의 수레바퀴를 반으로 접고 밤의 벼랑 앞에서 우뚝 선다

한계상황 2

출구는 허공으로 나 있다 단층운을 재단하는 일부 변경선은 모차르트 협주곡 2악장을 연주한다 의문부호를 토해내는 그림자의 도출된 여섯 손가락이 비명을 지른다 할인매장의 야간 점프에서 늙은 바람이 기침을 하고 내 호주머니 안의 적막이 난파된 꿈을 펴 올린다 골목길을 벗어난 샛길이 어수선한 경계선을 허물자 빗금 친 표지판은 열두 시를 응시한다 빗장을 지른 묵시의 혓바닥이 쏟아지면 먼지에 오염된 아그립바 조각상이 바래진다 사각 창문에 얼비친 달빛이 뛰어내리는 오거리 어린 나뭇잎들이 가까스로 날아오른다 어둠을 끌어당기는 낮은 집들의 어깨가 더욱 낮아지고 가로등이 희미한 불빛을 펴 나른다 도시의 허리에 감기는 자정이 아스팔트를 끌고 가면 해독할 수 없는 가로수의 넓이가 안테나의 그늘을 잠재운다

한계상황 3

어둠 속에서 허우적거리는 달을 건져올린다
눈썹이 긴 하늘은 좌측 비상구를 뛰어내리고
충적운의 늙은 내력이 떨어진다
남반구의 새벽이 눈을 뜨면
적도 저편을 관통하는 파도가 펄럭인다
레이저 안경을 쓴 안전요원이 구급차를 들이대면
의식을 잃은 일곱 개의 우주는 공회전을 한다
녹색 사이렌이 사방으로 울려 퍼지자
저장된 그림자가 개기월식을 삼킨다
아득한 분화구는 명왕성을 토해낸다
나는 숨 가쁜 혹성의 어깨를 다독이며
설익은 사막 한 자락을 끓어낸다
퇴행성 별자리는 봄을 타전하고
작은곰자리에 매달린 유성이 쏟아진다
오로라가 붉게 타오르는 사이
팡파르를 울리는 하늘 저편이 내려앉는다
늦게 도착한 가을이
을씨년스럽게 신열을 앓는다

수평선

너는 날마다 문 밖으로 달아난다
빗장을 걸어 잠근 바다는 너를 안고
영혼의 닻을 내린다
은빛 지느러미를 털어내며 펄럭이는 너의 몸짓
견고한 등대는 주파수를 세우고
낯선 도시로 실어 나른다
너를 에워싼 파도가 그리움처럼 출렁이고
너는 밤마다 미봉한 편지를 띄운다
오색의 플랑크톤이 낙원을 펼치는 해안
해독할 수 없는 풍경이 거대한 물의 숲을 몰고 간다
안개는 물굽이에서 물구나무서고
늦은 일몰이 방파제를 끌고 널브러진다
낮달은 물보라를 건너뛰며
해파리의 가슴에 안긴다
먼 바다는 거친 물결의 무릎에 파고들어
사라진 물거품의 뒷덜미를 들이킨다
젖은 길이 모로 누워 모발을 말리는 동안
찢어진 그대 치맛자락이 썰물을 헐어낸다

일곱 번째 손가락 사이로 빠져나간 사랑
포구 밖에서 은은하게 떨고 있다
내가 벗어날 출구는 아무 데도 보이지 않는다

이상한 버전

젖은 나뭇잎들이 보도블록을 난타한다
조각난 햇살은 어깨를 맞대고
모자이크한 출구를 빠져나간다
숨결이 가쁜 나무들의 허리가 파르르 떨고
허공은 잿빛 그림자를 걷어 올린다
해안선을 삼킨 불빛이 추억 한 모금 떠올리면
사라져가는 파도는 하얀 옷자락을 펄럭인다
가슴에 여운 하나 남긴 낙엽들,
아린 기억을 지우고 날개를 접는다
내가 중앙선을 추월하는 사이
편서풍은 곡예를 벌이며 광장 쪽으로 사라진다
층계를 이탈한 발자국이 둥둥 떠다니고
무성한 음성들이 노을을 휘젓는다
지상의 틈새를 파고드는 들판이 허무 한 자락씩 펴 날라
열기를 뿜어내는 시간,
오후 여섯 시 경계를 지나간다
나는 암초를 잘라낸 가슴을 열어
활화산 이마를 접어 넣는다

해운대

창을 밀어내는 바다가 달려온다 바랜 물살은 어깨에 출렁이고 정착하지 못한 무늬가 헝클어진 머리칼 걷어 올린다 발걸음 보폭만큼 모래톱을 벌리는 몸짓, 에메랄드빛이 여울진 안개로 펄럭인다 베링해협을 건너온 한랭전선이 가슴을 적시고 휘어진 파도가 제 그림자를 걷어낸다 뉴스를 자극하는 무역전쟁, 리모컨을 누르자 엘시티 빌딩의 이마가 쏟아진다 한껏 고갈된 정오의 복부가 부풀어 오르면 잠적한 유조선이 청각을 세운다

젖은 것들은 젖은 것들끼리 말라카해의 사유를 피워 올리고 성급한 바다가 등판을 기우는 동안 티브이에서 송출된 노을이 잿빛 하늘을 게워낸다 해저 위의 길, 쏟아지는 햇살의 터널을 뚫고 심장이 팽창한 항로가 줄달음친다 분주한 시간은 꼬리를 접어 보랏빛 블랙홀을 밀어올리고 선창의 블라인드 사이로 얼굴을 가린 차임벨이 울려 퍼진다 선로를 이탈한 오후의 왼쪽 귀가 반쯤 잘려 나가자 부끄러운 난기류는 핸들을 꺾어 해무 속으로 내달린다

추크슈피체 일박

베일 속에 가려진 눈빛들이 활을 당긴다
태양이 모노레일을 뽑아 들고
봉우리 뒤에 가려진 능선을 풀어낸다
산맥이 켜켜이 뻗어 있고
볏겨낼 수 없는 의문들이 어깨를 흔든다
나는 어둠 깊숙이 올라서서
우람한 목소리를 만난다

거대한 그대 형상이 부르르 떨고
낯선 골짜기가 잿빛 그림자를 뱉어낸다
궤도를 벗어난 사유가 빗장을 꺾으며 돌아서고
야윈 편견들이 부딪힐 때마다 별들의 그늘이 펄럭인다

우주는 날마다 거친 생을 연출하고
안개비가 허공을 뛰어내리며 쓰러진다
산정에 올라서면 그대 얼굴 떠오르고
산하의 무릎에서 소금꽃이 피어난다
블랙홀을 털고 나온 목숨의 흔적들이

세상을 빠져나가면
올리브나무는 언제나 그대로 서 있다

프라하 엽서 1

로레타 대성당의 불빛이 흐릿하게 가물거렸어 치솟은 첨탑 위로 그대 옷자락이 펄럭이고 카렐교 이마가 떠올랐어 바츨라프 광장이 팔을 흔들면 불타바강 언덕 위에 파란 물감이 흩뿌렸어 물결에 어리는 애틋한 눈빛, 임신한 암캐들의 신음 소리가 인도를 비켜가고 다리 난간 위에서 휘어진 그대 얼굴의 윤기 나는 귓바퀴가 빛났어 가스등이 여린 바람살을 껴안고 스쳐가는 에뜨랑제 옷깃이 비에 젖어 있었어 그대 가냘픈 어깨가 떨리고, 레깅스 바지가 두루미의 울음에 스며들었어 태양의 속살이 드러나는 로데오 거리, 검은 테 안경 사이로 사하라의 모래펄이 서걱이고 허공의 눈시울이 불타고 있었어

쓰러지는 것들은 다시 일어서는 모습이 보이고
그대 파란 피의 옆구리가 흐느적거렸어

나는 사랑한다,
절규할 때 내 입술이 보랏빛으로 떨고 있었어

프라하 엽서 2

깨진 보도블록을 밟고 지나가면 켜켜이 쌓인 발걸음이 튀어 오른다 벌어진 틈 사이로 버튼을 누르자 질긴 어둠이 비명을 지르며 모로 눕는다 잿빛 여백이 기어가는 이오니아식 교회당 건물, 가벼운 것들은 가벼운 것들끼리 상승의 기류를 타고 미로의 잔등에 별이 내려와 펄럭인다 거리의 악사는 하늘 모서리를 잘라 비올라에 끼우고 낡은 잎들은 불협화음을 일으키며 구르다 부서진다

보

폭

마

다

강물이 치솟고 풍경을 잘라낸 길이 이마를 내밀고 나온다 나는 부산한 퍼즐의 더께를 벗기며 덧난 사이클의 바퀴를 조정한다 호젓하게 젖은 너도밤나무 혓바닥이 이탈한 가지들을 잘라내며 눈부신 햇살을 감아올린다

장미를 꿈꾸며

너는 새벽이면 끊임없이
내 어깨를 타고 줄달음쳤다
광활한 허공은 누구도 침범할 수 없는 너의 지평
총명한 네 동공은 눈부셨다
언제나 별의 가슴을 가꾸며
아다지오로 승천하는 너의 질주는
하늘과 땅과 바다를 문질렀다
날카로운 가시는 너의 예리한 칼이 되어
피 흘리는 지상을 헐어내고
홍건히 쏟아지는 붉은 햇살로 세상을 밝혔다
오월이 되면 너는
사랑의 전령사로 피어나
다시 유월의 물살에 휩쓸려
낯선 문장의 담벼락을 태웠다
지칠 줄 모르는 몸짓으로 치솟는 너는
시린 불꽃이었다

은산 X마스

해 저문 날
헐벗은 목련이 곡예를 하고 등불을 치켜든다
손사래로 어둠이 흘러내리면
짙은 안개가 강둑을 에워싼다
나는 밀봉된 감귤 상자를 열어
봄의 안테나를 조율한다
한파에 감긴 들판이 푸른 물기를 퍼뜨리자
햇살이 키 작은 마을을 어루만진다
한랭기류를 비껴가는 목덜미 사이로
나무들이 지퍼를 연다
메들리로 쏟아지는 갈대들,
허공에서 거친 숨결을 헐고
서슬 푸른 추억을 헹군다
한 옥타브씩 호흡을 다그치는 산들이
침묵을 털어내는 사이
빈집마다 적막이 자란다

물든 초승달이 길을 찾고 있다

근하신년

낯선 길이 걸어 나가자
나는 새 신발을 꺼내어 신어 본다
해를 밀어내는 산이 탯줄을 끊고
핏빛 파장에 걸린 베일을 벗겨낸다
입 가장자리를 빠져나온 축복이 난무하는 거리
묵은 전설이 옷을 벗는다

장미를 꿈꾸는 인형은
푸른 리트머스를 꺼내고
옷깃을 다소곳이 여미며
눈부신 시간이 당당하게 걸어 나온다
적막을 세척한 골목은 아직도 휘청거리고
얼룩을 지우는 그림자
슬픔의 경계를 허문다

이방연속무늬가 붉은 커튼을 말아 올리자
레이스에 걸린 장수하늘소 날개를 펼친다

불빛을 밟고 오는 길은
동쪽으로부터 의연하게 시작되고
폭죽을 터뜨리며 오는 바다
선명한 수평선을 몰고 온다

자정의 미로

아스팔트를 휘감는 페달이 바퀴를 끌고 간다
해명할 수 없는 출구가 안테나를 세우고
은밀한 말을 흩뿌린다
카오스를 침범한 어둠이 손을 털고
막다른 길이 자정을 횡단한다
레이저를 쏘아올린 불빛은
낯선 풍경을 퍼 나른다
검은 구름이 방향을 재단하고
공유하지 못하는 슬픔을 갈아 끼운다
비어 있는 도로의 인파선이 부어오르자
갇힌 공간을 벗어난 길의 모서리가 경계를 지운다
탈진한 시간이 비명을 지르고
눈먼 들판은 생성한 꿈을 가른다
그림자가 유출된 큰 바다
난무하는 나무들이 의문부호를 토해낸다

해설

시적 의도가 시도가 되기까지

—링과 체인의 연합

고영(시인)

1.

신선 시인의 시집 『매우 단순한 저녁』은 결코 단순하지 않다. 시집 제목부터가 역설로 읽힌다. 어쩌면 독자는, 지극히 단순해져야만 이 시집을 읽을 수 있을지도 모른다. '매우 단순한 저녁'을 걷기 위해서는 몇 개의 키워드가 필요하다. 그중에서도 빅토르 시클롭스키는 핵심 키워드라 할 수 있겠다. "창조적 사고는 일상의 당연한 경험들에 대한 의심에서 시작된다. 그것이 곧 '낯설게 하기'"라는 시클롭스키의 이론은 신선 시집의 기저가 된 듯 보인다. 시클롭스키에 대해서는 뒤에 다시 언급하기로 하고 먼저 시인의 말을 보자.

'시인의 말'엔 이렇게 진술되어 있다. "거친 길을 걸어왔다./

시는 다가갈수록 내게서 멀어진다./시의 행간을 더듬는 저녁/드넓은 벌판이 문을 연다./신발 끈을 단단히 조여 매야 한다." 다가갈수록 자신에게서 멀어지는 '시'를 향해 그는 각오를 드러낸다. 시인의 자세를 엿볼 수 있는 대목이자 전환을 위한 자기 선언이고, 방법의 시현(示現)인 셈이다.

레이저를 쏘아올린 달빛이 활강한다
낙하하는 허공에서 유성이 쏟아지고
우주는 초속 35킬로미터 밖으로
궤도를 이탈한다

위험수위에 빠진 들판이 버튼을 누르면
금빛 성운들이 회색 실루엣을 밀고 나온다
휘발된 활자들은 플래카드를 펴 나르고
출구를 벗어난 미로가 아자창을 뛰어내린다

외곽순환도로가 백미러의 혓바닥을 뱉어내자
무한도전을 질주한 고압선이 전신주를 구겨 넣는다
목덜미 하얀 꿈을 인화하는 글라디올러스
오르가즘에 감염된 햇살을 투척하고
초고층 빌딩이 질긴 기억을 불태운다

가로수 잎들이 고해성사를 하는 지방도시,
매운 연기가 프로펠러를 연주하는 동안
오후 일곱 시가 저녁을 구워낸다
노릇하게 익은 산맥의 등성이가 세 갈래로 치솟고
협곡이 롤러스케이트를 굴린다

—「시클롭스키의 저녁」 전문

위 시는 전혀 별개인 두 개의 어휘, 자연인 '시클롭스키'와 자연현상 '저녁'으로 만들어졌지만 앞의 시클롭스키에 더 눈길이 간다. 일상적 경험이라면 저녁이 더 자주 반복되고 여러 정서를 불러일으키는 어휘지만 이 시가 이 시집에서 갖는 상징성과 시클롭스키가 시사에서 갖는 위상 때문이기도 할 것이다.

'시클롭스키'와 '저녁'이라는 이질적인 조합이 어떻게 가능했는가. 먼저 시클롭스키가 누구인지 알아보자. 시클롭스키는 러시아 형식주의의 대표적인 이론가다. 그는 '낯설게 하기'라는 예술 기법 이해에 대한 독창적 시각으로 널리 알려져 있다. 그 유명한 정의는 다음과 같다. "예술의 목적은 사물들의 감각을, 통상 알려진 대로가 아니라 지각된 방식으로 부여하는 것이다. 예술의 기법은 대상들을 '낯설게' 만드는 것이고, 형식을 난해하게 하는 것이며, 지각(perception)의 난이도와 그것에 걸리는 시간을 증대시키는 것이다. 왜냐하면 지각의 과정 그 자체가 미적 목적이고 따라서 그것은 연장되어야만 하기 때문이다. 예술은 어떤 대상에 부여된 예술적 기교를 경험하는 한 방식이다; 대상 자체는 중요하지 않다"(오민석, 『현대문학이론의 길잡이』, 시인동네). 즉, 대상 그것이 거느린 여러 속성 나아가 이를 경험적 인식에 맞게 설명하려는 언어적 활용조차도 부차적이라는 것이다. 이를 전제로 '시클롭스키'의 '저녁'을 들여다보자.

1연만 보면, 주요 대상은 '달빛', '유성', '우주' 등이다. 저녁으로부터 충분히 환기되거나 반대로 저녁을 떠올릴 수 있게 하는 것들이다. 하지만 이 한 연 앞에서도 독자들은 적잖이 긴장할 수밖에 없다. "레이저를 쏘아올린 달빛", '낙하하는 허공에서 쏟아진 유성', "초속 35킬로미터 밖으로/궤도를 이탈" 하는 우주 등이 우리가 일반적으로 알고 있는 '사실(fact)'과 다르거나 다른 시각을 요구하기 때문이다. 생각해보면, 달빛이 지구로 내려올 때는 대기층에 부딪치므로 '활강'이라고 할 수 있고, 반대로 외행성계를 향할 때는 레이저 빔처럼 직진성이 더 강조될 수도 있다. 이처럼 대상에 대해 더 오래 생각하게 하는 것이 '낯설게 하기'의 주요 목적 중 하나라 할 수 있다.

한데 4연에서는 전혀 다른 방식이 시현된다. "매운 연기가 프로펠러를 연주하는 동안/오후 일곱 시가 저녁을 구워낸다" 처럼 관계의 주종(主從)을 바꿔 표현하는 것이다. 일상의 경험으로는 프로펠러를 돌려서 연기를 빼내고, 저녁을 먹는 시간이 오후 일곱 시일 뿐이다. 하지만 시는 '프로펠러와 오후 일곱 시'에 주목함으로써 '연주'와 '(저녁을)구워낸다'와 같은 정황과는 동떨어져 보이는 제3의 어휘가 개입할 '틈'을 열어준다. 이를 통해 "가로수 잎들이 고해성사를 하는 지방도시"에서의 체험이 일상성의 틀을 벗고 단 한 차례의 '사건'으로 떠오른다. 즉, '낯설어지는' 것이다.

숲을 가로지르는 길이 허리를 편다
나무들의 헝클어진 머리칼 사이로 모래톱이 반짝이고
우측으로 휘어진 곡선이 통로를 검색한다
주유를 끝낸 자동차 내장이 부풀어 오르면
철책 너머 손 내미는 장미가 우주를 끌고 간다
와이퍼에 걸린 사차선이 골목을 빠져나가자
메모리 속 매립지가 블랙박스 무릎에 앉는다
신열에 겨운 배터리가 한나절을 비껴가고
입 다문 경적이 허공을 헐어낸다
햇빛이 쏘아대는 화살이 도로의 속살을 파고든다
장미 넝쿨이 휘감는 담장,
바람이 불어오는 방향으로 차창이 젖어든다
직선으로 도열한 집들이 무더기로 피어나고
창백한 아스팔트는 백미러를 도시 밖으로 털어낸다
거리마다 검색되지 않은 꽃들이 다투어 피어나고

견고한 속력을 견인하는 표지판,

출구를 잃어버린 헤드라이트를 받으며

나는 왼편으로 핸들을 꺾는다

—「좌측통행」 전문

현대인은 누구나 다 바쁘다. 일상을 버거워하는 만큼 일탈을 두려워한다. 또한 그 어떤 시대보다 현대인은 교양인이며, 사회의 변화에 민감하다. 현대인의 이런 특성은 위에 인용한 작품을 읽기 어렵게 한다. 일반적인 독자라면 "숲을 가로지르는 길이 허리를 편다", "장미 넝쿨이 휘감는 담장,", "출구를 잃어버린 헤드라이트를 받으며/나는 왼편으로 핸들을 꺾는다"라고 축약해서 읽고, 제목인 '좌측통행'과의 연관성을 생각하려 할 것이다. 일부는 '좌측'의 사회문화적 맥락에 집중할 것이고, 더러는 시적 아우라가 주는 정서적 감응에 이해를 맡겨버릴 것이다. 문제는 이와 같은 '낯설게 하기'를 시의 목적과 결부한 시적 기교의 관점으로 볼 것이냐, 사용하는 세부들의 통칭으로 삼을 것이냐 하는 것이다. 이 선택은 전혀 다른 결과를 낳는다.

인용 시는 화자가 취한 행위의 세부를 디테일하게 묘사함으로써 '좌측통행'이라는 일상적 규범을 무력화하면서 한 지점에서 다른 지점으로의 이동을 살아있는 체험, 즉 사건을 만들어 보여주려는 의도를 드러낸다. 의도의 적합, 부적합을 떠나 이번 시집에 수록된 작품들은 그 방식을 고수하면서 시인의 의지를 관철하고 있다.

2.

신선 시인은 수록된 작품들 한 편, 한 편이 마치 이전에는 존재하지 않았고, 그 작품 이후에는 다시 쓰이지 못할 것처럼 거의 완벽에 가깝게 파편화했다. 이 파편화가 의도된 것이라면 그는 완벽할 정도로 성공한 듯싶다. 유사한 정황마저도 다른 어휘와 결합함으로써 유사하지만 동질성을 확인할 수 없는 순간으로 만든다. 독자의 입장에서는 그나마 다행이라 해야 할지 모르겠지만, 그는 다수의 시편에서 '연작'의 형식을 취함으로써 자신의 '의도와 의지'를 조금 누그러뜨리는 친절을 보인다. 자신의 지난 시작(詩作) 과정을 '거친 길'이라 술회할 정도이고 보면, 그 이유마저 유추하고 상징을 통해 읽어내야 한다는 것은 필자가 처한 일종의 역설이라 할 수 있겠다. 작품의 선후를 떠나 「관념론」, 「랩소디 풍으로」, 「인문학개론」 등의 연작은 '전환' 이전의 사태에 대한 암시적 묘사가 더 두드러져 보인다.

> 서툰 걸음 한 발짝 뗄 때마다
> 홍매화 피는 언덕이 무너진다

등 굽은 행간이 뜨락을 잘라내자
어눌한 잎들이 우수수 피어난다
어둠 촘촘히 박힌 시간은
기억에 길든 옷자락을 벗어던진다
한적한 풍경이 머뭇거리다 사라지는 우듬지,
헐벗은 숲들이 서성거린다
횡단보도에 걸리는 가로수 대열이 손짓하고
나는 가슴에 매단 빙벽을 헐어낸다
둥근 세상이 굴러가는 방파제 왼편에서
잊힌 추억이 깃발로 너울거린다
내 안의 상처를 들여다보는 별 하나
도시를 경계 밖으로 밀어낸다
정체불명의 스팸 메일이 뒤뚱거리는 오후,
풀죽은 소문들이
지하철역 개찰구로 빠져나간다

—「관념론 2」 전문

일상을 지배하는 힘으로써 관념의 문제는 두 가지로 요약할 수 있다. 하나는 개별 사건들을 수집, 정리, 분배하려는 형태를 갖는다는 것이고, 다른 하나는 이런 과정을 통해 그것이 마치 본질인 것처럼 우리 뇌가 인식하게 한다는 것이다.

인용 시에서 시인은 자신에게 부과되었던 관념을 벗어던졌을 때의 변화를 생생하게 묘사하고 있다. 그 처음은 "서툰 걸음 한 발짝" 떼는 것이었지만, 전환은 존재의 사태를 연쇄적으로 보여준다. "홍매화 피는 언덕"이 무너지고, "어눌한 잎들이" 마구 피어나고, 결국 시간은 "기억에 길든 옷자락을 벗어던"진다. 연극 사이의 암전처럼 시인은 사태가 일어나는 순간의 외부적 디테일을 묘사하고 "나는 가슴에 매단 빙벽을 헐어낸다"는 자기 확인에 도착한다. 하지만 도착은 끝이나 완수를 의미할 수 없다. 흔히 선(禪)의 깨달음의 어려움을 말할 때, 그것이 일어나는 순간이 아니라 지속하는 데 따른 에너지를 말하는 것과 같다. 다만 그 차이는 "정체불명의 스팸 메일"이나 "풀죽은 소문"들이 더 이상 시인에게 지배력을 행사할 수 없다는 것을 공표하고 있을 따름이다.

> 나는 설익은 말미잘 한 자락 잘라
> 그라폴리오 파일 속에 끼워 넣는다
>
> ―「인문학개론 3」 부분

하지만 이 공표마저도 무엇의 도착이나 완수는 아니다. 시인은 지속적으로 "나는 설익은 말미잘 한 자락 잘라/그라폴리오 파일 속에 끼워 넣는" 고단한 작업을 되풀이해야만 한다. 「네트워크」 연작에 등장하는 '관계'와 관련한 새로운 사물과 방식들―모니터, 유튜브, 노트북, 와이파이―등은 그를 더욱 낯선 환경으로 내모는 역할을 한다. “나는 새로 산 신발을 총총히 조여”(「네트워크 1」) 매야 한다는 사실을, “서녘 하늘이 돌아누우면/나는 메뉴판을 들고 허기를 달”(「네트워크 5」)랠 수밖에 없다는 것을 더 무섭게 각인한다. “교체한 시간을 허공에 갈아 끼우는”(「랩소디 풍으로 1」) 낭만적 회귀로는 더더욱 사태의 악화를 피할 수 없다. 따라서 시인에겐 직시와 돌파라는 방법만이 남는데 이는 위에서 언급한 ‘의도와 의지’에 부합하는 것이기도 하다.

> 나는 더 깊은 지층으로 추락한다
> 살아남는다는 것은 세상을 비트는 일이다
> 은밀한 곳에서 마지막 호흡을 고르고
> 우주 밖으로 내닫는 욕망은
> 다만 격렬하게 스러진다
> 허물어지는 한 줄기 절망이 적막 속에 묻히면
> 어둠은 깊을수록 빛난다
> 허물을 벗겨낸 영혼의 덫은
> 화사하게 불을 지핀다
> 피어오를 곳 없는 허공을 향해
> 나는 한 번 더 절망한다
> 먼 곳에서 물든 잎들이 자라고
> 낡은 이야기들은 일어선다

한 걸음에 달려와 파고드는 시간들
야윈 어깨가 쌓인다
때 묻은 잎새들 허망하게 뒹굴고
젖은 뼈들이 쓸쓸히 흩어진다

—「가문비나무의 젖은 손」 전문

위의 시는 그저 '가문비나무'를 묘사한 것일 수도 있다. 어쩌면 필자의 지나친 감정이입이 빚어낸 필연적 착오일지도 모른다. 하지만 시인의 '의도와 의지'와는 무관하게 시행들의 긴장만큼 피로도 도처에서 발견된다. 전반부는 격렬하다 못해 비감하다. '추락 → 비틀다 → 호흡(욕망) → 스러짐'은 지나치게 자연스럽게 흐른다. 더불어 후반부의 '낡은 이야기 → 야윈 어깨 → 젖은 뼈'와 유사하면서도 차이와 이질감을 확보한다. "허물을 벗겨낸 영혼의 덫"이라는 다소 당혹스럽고 이질적인 표현이 그의 서정을 더욱 낯설게 만든다.

3.

신선 시인은 관찰자로서의 시인의 책무를 오롯이 수행한다. 주의 깊은 관찰과 섬세한 디테일 묘사 나아가 언어의 일상적 활용(문법)에 대한 변형 의지 등이 연작시 「검은 랩소디」에 잘 드러나 있다. 이 또한 '상징과 유추'에 기댈 수밖에 없지만,

'검다'는 것은 정체가 잘 파악되지 않기 때문에 불안이고, 역으로 정체를 보다 잘 숨길 수 있다는 데서 위장(僞裝)이다. 이 애매성을 형상화하는 것 또한 '낯설게 하기'에 속한다.

스산한 풍경이 사라지고 스크린에 매달린 인파들이 떠밀려간다 휘장을 내린 화폭이 신열을 게워내고 떠돌이들의 은밀한 생애가 남루를 털어낸다

부풀어 오르는 욕망의 틈새마다 처절한 표정들이 지워지고
사라지는 것들은 손을 씻는다

벼랑의 시간이 0시를 가리키면 얼룩진 유리창에 노을이 배어든다 언덕이 사라진 절정에 서자 지상은 온통 어둠에 지쳐 있고 온기가 파열된 눈알들이 굴러다닌다 하현달이 뜬 찻잔을 기울이면 길은 오버랩 되어 사라진다 가라앉은 사랑이 종결 모니터를 하고 기억을 저장한 안개 한 모금 하늘 모서리를 돌아눕는다

—「검은 랩소디 9」 전문

한 권의 시집에서 열 편 가까운 연작시는 차지하는 비중 때문에 주목을 요구한다. 제목이 시집의 지향성과 결합되면 그

관심은 배 이상 증폭될 수밖에 없다. '랩소디'는 어원과 쓰임의 변화에도 불구하고 그 자체로 '서사(플롯/내러티브)'를 구성하겠다는 강력한 표지로 읽힌다. 이처럼 서사를 욕망한다는 것은 '동기화(motivation)'에 대한 열망을 반증한다. 시에서 동기화란 대상으로부터 자기의 시적 형상을 구현하는 과정에 대한 재인식을 의미한다. 시인으로서 자기성찰의 시작이라고 할 수 있다.

인용 시에서 주목하게 되는 부분은 2연이다. "부풀어 오르는 틈새마다 처절한 표정들이 지워지고/사라지는 것들은 손을 씻는다"라는 두 행은 시인의 '의도와 의지'가 진행되는 동안 무수히 겪게 될 정신과 영향의 그늘을 스스로 드러낸 듯하다. 1연에서 드러나듯 일상이거나 타자의 인식은 나의 '낯섦'만을 통해 성취할 수 없다.

신선 시인의 시집을 읽으며, 각기 떨어져 있는 개별 존재(사태)로서의 고리(링)와 그것이 이런저런 방식으로 연결된 연합체로서의 목걸이(체인) 같다는 생각을 했다. 같은 질감에 같은 방식으로 제작된 고리가 같은 위상으로 결합한 형태는 강한 상징적 의미를 갖는다. 목걸이나 결혼반지를 매단 여타의 상징물들이 그런 형식을 취한다. 하지만 고리의 크기나 색깔을 달리함으로써 그것은 일반적인 의미 이상을 내포하는 개성이 된다. 일상을 사건으로 만들기 위해 시에서 언어의 사용은 기계적 반복을 피해야 한다. 그것은 한 편이 제작될 때마다 자기의 문법을 다시 만들라는 말과 같기에 불가능한 것이고, 현대 시인들은 오히려 융합과 초과를 그 방식으로 차용한다.

> 꽃잎은 저마다 날개를 저으며 떨어진다
> 보랏빛 손가락으로 포물선을 그리고
> 공중점프를 하는 그윽한 몸짓,
> 무수한 탑들을 쌓아 올리며
> 푸른 가슴을 불태운다
> 꽃들은 허공에 벨을 누르고 스며든다
> 어둠의 그늘을 걷어내고
> 하늘 가득 환한 빛을 흩뿌린다
> 장엄한 생애를 전송하는 동안
> 협주곡을 짜면서 적막한 정오를 휘젓는다
> 리모델링한 빌딩은 하염없이 치솟아 오르고
> 치맛자락을 날리는 행글라이더가
> 낮달을 실어 나른다
> 담벼락 돌아나간 길목에서 새떼들은
> 산발한 구름을 불러 모은다
> 흐릿한 사월 하늘이 서녘으로 기울어지면
> 꽃잎들은 날개를 접고
> 제 영혼의 눈빛을 밝힌다
>
> —「비상증후군」 전문

신선 시인은 '서정'에 탁월한 시인이다. 여기서 '서정'이라는 익숙한 개념에 빠지지 말 것을 당부한다. '서정'의 개념을 확대해서 존재의 양태나 사태를 설명하거나 손쉽게 치환하는 것이 아니라, 바라보고 관찰한 결과를 시각적 묘사라는 방법을 통해 형상화한다는 의미에서 그렇다는 말이다. '비상증후군'의 비상은 굳이 초월이 아니라도 일상을 뛰어넘고 싶은 모든 우리의 바람을 상징한다. 따라서 흔하디흔한 '꽃잎'의 낙하에서 최소한 그것을 둘러싼 주변 모두를 변화의 사태 속으로 개입하게 하는 것은 신선 시인의 시작(詩作)의 성과이자 지향점이라 할 수 있다.

이 도서의 국립중앙도서관 출판시도서목록(CIP)은 서지정보유통지원시스템 홈페이지(http://seoji.nl.go.kr)와 국가자료공동목록시스템(http://www.nl.go.kr/kolisnet)에서 이용하실 수 있습니다.(CIP제어번호: CIP2019044098)

시인동네 시인선 115

매우 단순한 저녁

초판 1쇄 인쇄 2019년 11월 4일
초판 1쇄 발행 2019년 11월 11일
지은이 신선
펴낸이 고영
책임편집 서윤후
디자인 헤이존
펴낸곳 문학의전당
출판등록 제2017-000002호
주소 서울시 마포구 마포대로 11길 91, 3층
전화 02-852-1977 팩스 02-852-1978
전자우편 sbpoem@naver.com

ISBN 979-11-5896-441-2 03810

* 이 시집은 2019 부산광역시, 부산문화재단 지역문화예술특성화지원사업 지원으로 제작되었습니다.